Auf Kurs mit Gegenwind und Seemannsgarn

Auf Kurs mit Gegenwind und Seemannsgarn

Heinz Handtrack

Auf Kurs mit Gegenwind und Seemannsgarn

Weisheiten, Anekdoten, Poetisches und
Kurzgeschichten zum Lesen
und Weitererzählen

Illustrationen von Alessa Braunbeck

Bibliografische Information der Deutschen Nationalbibliothek:
Die Deutsche Nationalbibliothek verzeichnet diese Publikation
in der Deutschen Nationalbibliografie; detaillierte bibliografische
Daten sind im Internet über https://dnb.d-nb.de abrufbar.

Verlag: BoD · Books on Demand GmbH, In de Tarpen 42,
22848 Norderstedt, bod@bod.de
Druck: Libri Plureos GmbH, Friedensallee 273, 22763 Hamburg

ISBN: 978-3-8482-6308-0

Für Sabrina

Vorwort

Das Alter ist ein Privileg, das uns die Chance schenkt, auf gelebte Jahre voller Erfahrungen und Erkenntnisse zurückzublicken – und gleichzeitig nach vorne zu schauen. Jahre, in denen Fehler gemacht, Erfolge und Glück gefeiert und Lektionen gelernt wurden.

Dieses Buch ist keine Autobiografie, die überlasse ich gern anderen Persönlichkeiten. Es ist eine Einladung, durch die Seiten mit Weisheiten, Anekdoten, poetischen Momenten und kurzen Geschichten zu wandern. Es sind die kleinen und großen Augenblicke, die uns zu dem formen, was wir sind. Augenblicke, die ich hier teilen möchte, damit sie zum Nachdenken, Lächeln oder vielleicht auch zum Weitererzählen anregen.

Die verstrichenen Jahre sind keine Last, sondern ein Fundus für Kraft und Inspirationen für das Morgen. Auch in späteren Lebensjahren bleibt Raum, Neues zu lernen, die Welt aus anderen Blickwinkeln zu betrachten und Beziehungen zu vertiefen. In einer Zeit, die oft nur auf Geschwindigkeit setzt, bietet das bewusste Rückbesinnen einen besonderen Wert.

In diesem Sinne: Willkommen auf dieser Reise.

Vom Kartoffelsalat zur großen Fahrt

"Eine Eingebung ist wie ein Funke – sie entfacht ein Feuer, wenn du bereit bist, es zu unterhalten."

Weihnachtsfeste hatte ich noch nicht viele erlebt. Die Geschenke waren immer das Wichtigste. Dieser Heiligabend verlief anders als sonst. Im Radio war die heute älteste Sendung der Welt, das Hamburger Hafenkonzert, zu hören. Meine drei älteren Schwestern warteten genauso ungeduldig wie ich auf die Bescherung. Vorher wurde aber traditionsbewusst gegessen, Kartoffelsalat mit Würstchen.

„Später will ich zur See fahren." Schlagartig verstummten alle Gespräche am Tisch und das Klappern der Messer und Gabeln auf den Tellern setzte aus. „Das kommt nicht in Frage," war die einzige Antwort meines Vaters. Das Abendessen wurde schnell beendet und die Tür zum Nebenzimmer mit dem erleuchteten Weihnachtsbaum und den Geschenken öffnete sich. Meine Ankündigung fand keinerlei weitere Beachtung mehr.

Für mich war es nicht nur eine plötzliche Eingebung. Aus dem Funken wurde eine immer stärker lodernde Flamme. Nach dem Abitur führte der Weg folgerichtig aus der Heidelandschaft in Niedersachsen nach Hamburg zum Ballindamm, dem Hauptsitz der Reederei Hapag-Lloyd. Das Bewerbungsgespräch war kurz und knapp. „Wie stellen sie sich die Seefahrt vor?", mit dieser Frage eröffnete der Personalchef das Gespräch. „Ohne Romantik, 24 Stunden im Dienst, harte Arbeit und die Natur manchmal gegen sich", war meine Antwort. Er klappte die dünne Personalakte zu. „War es das mit der Seefahrt?", dachte ich. Mit einem breiten Lächeln stand er auf und gab mir die Hand. „Ich gratuliere ihnen zur Einstellung als nautischer Assistent. Den Vertrag und alle weiteren Informationen erhalten sie in Kürze. Gute Fahrt."

„Hol durch", das Kommando des Bootsführers kostete viel Kraft und Konzentration. Zehn lange Ruderblätter mussten gleichzeitig und im Takt durch das Elbwasser vor der Seemannsschule in Hamburg Finkenwerder gezogen werden. Das schwere Rettungsboot nahm langsam Fahrt auf in Richtung Fahrrinne in der Mitte der Elbe. „Halt Wasser", dieses Kommando hatten wir befürchtet. Die Ruderblätter tauchten ins Wasser, um das Boot abzubremsen. Nichts für schwache Oberarme. Der Muskelkater plagte uns noch Tage später. Als Belohnung für die Plackerei gab es für alle Kadetten den Rettungsbootschein. Die erste Hürde in der seemännischen Grundausbildung war genommen.

„Ihr habt maximal sieben Minuten Zeit, um das Feuer zu löschen. Ansonsten wird es euch im Schutzanzug zu heiß." Einige Gesichter wurden plötzlich bleich bei dieser lapidaren Ankündigung des Ausbilders. Den Einsatz im Schutzanzug und mit schwerem Atemgerät kannte ich von meiner Rettungsarbeit beim Roten Kreuz und der Freiwilligen Feuerwehr. Zwischen Übung und einem realen Feuer besteht allerdings ein heißer Unterschied. Das wurde mir beim Löscheinsatz in einem nachgebauten Schiffsladeraum schnell klar. Als Lohn der Angst wurde uns nach dieser Prüfung der Feuerschutzschein ausgehändigt. Wir feierten den Abschluss unserer Sicherheitsausbildung mit einem denkwürdigen

Abschied in der Seemannsschule. Endlich sollte es auf die erste große Reise gehen.

Vorher mussten aber noch die maßgefertigten Uniformen abgeholt werden. Dunkelblaue Hose und Jacke, Khaki lang, Khaki kurz, Hemden, die schwere Filzjacke, auch „Klütje" genannt, die auf Taille geschnittenen Gala-Jacken in weiß und blau sowie die passenden Hosen und die ersten Rangabzeichen auf den Schultern. Das gesamte Uniformpäckchen blieb aber für den Dienst auf der Kommandobrücke und im Hafen, für Landgänge und offizielle Anlässe vorbehalten. Die Arbeitskleidung während der weiteren seemännischen Grundausbildung war dann doch sehr gewöhnlich, Jeans, T-Shirt, kurze Hosen und bei Decksarbeit unter tropischer Sonne unbedingt eine Mütze oder Kappe.

Das erste Treffen

Wir kennen uns noch nicht,
wir sehen uns zum ersten Mal,
wir werden eng verbunden sein,
wir müssen einander vertrauen.

Du hast sicher deine Eigenarten,
du kannst bockig und zickig sein,
du wiegst mich in den Schlaf,
du lässt mich oft nicht ruhen.

Du bist schön, obwohl nicht schlank,
du hast eine kalte Haut aus Stahl,
du bist ein kraftvolles Ungetüm,
du willst hinaus auf See und in die Welt.

Wir werden einander lieben und hassen,
wir müssen lernen miteinander umzugehen,
wir haben einen Bund auf Widerruf und Zeit,
wir bleiben vielleicht für ewig verbunden.

Nach und nach trafen die zehn Nautischen Kadetten auf der *Bavaria* im Kaiser-Wilhelm-Hafen in Hamburg ein. Zwei jeweils dreimonatige Reisen im Liniendienst nach Indonesien lagen vor uns. Der Ausbildungsoffizier Schneider und der Ausbildungsbootsmann Zulauf wollten uns in diesem halben Jahr die seemännischen und nautischen Grundlagen vermitteln.

„Können die das schon?". Mit der Frage wollte der Kapitän seine Skepsis zum Ausdruck bringen. „Wir bleiben neben ihnen am Ruder stehen", unser Ausbildungsoffizier nahm mit Blick seinem Blick den Ausbildungsbootsmann ins Visier. Die Zusicherung schien den Kapitän aber nicht zu beruhigen.

Der Suez-Kanal war im Juni 1975 nach dem 6-Tage-Krieg zwischen Israel und Ägypten gerade wiedereröffnet worden. Als einer der ersten Konvois fuhren wir in Port Said in die schmale Rinne in der Wüste ein. Der ägyptische Kanallotse übernahm das Kommando. „Zwei Grad Backbord", lautete die erste Kursanweisung. Sofort fiel der kritische Blick des Kapitäns auf den Rudergänger. „Langsam Ruder legen", flüsterte mir unser Bootsmann zu. Höchste Konzentration war gefordert. Nach jeder Stunde wurde das Ruder übergeben.

„Jungs, das habt ihr gut gemacht im Suez-Kanal". Mehr Lob konnte man von einem Kapitän nicht erwarten. Wir leerten das obligatorische Bierfass der Hamburger Brauerei Bavaria, das vor jeder Ausreise an Bord geliefert wurde.

„Alle Jahre wieder kommt überraschend das Weihnachtsfest", dachte ich beim Einlaufen in den Hafen von Djakarta. Bei über 30 Grad wollte keine Weihnachtsstimmung an Bord aufkommen. Der Weihnachtsbaum fror schon seit Hamburg im Tiefkühlraum.

„Morgen früh übernehmen wir noch Kühlladung, du übernimmst die Ladungswache." Schon bei der Ankündigung fing ich an zu frösteln. Im Schutzanzug war der Wechsel am nächsten Tag zwischen -21 Grad und mehr als 30 Grad fast erträglich. „Wer soll 70 Tonnen Froschschenkel essen?", fragte ich mich bei jeder Palette, die im Kühlraum versenkt wurde. „Luken dicht", kam die Anweisung nach den letzten Kartons.

„Jetzt ist Weihnachten", ließ sich der Kapitän im Salon vernehmen. Der Steward schleppte auf einer großen Platte die gebratene Weihnachtsgans, um sie noch einmal in ihrem Komplettzustand zu zeigen. Weihnachtstelegramme wurden verteilt und ein gut gekühlter Rotwein herumgereicht. Als Anekdote erzählte ich den Kollegen von meiner Ankündigung vor vielen Jahren, die damals niemand so recht glauben wollte.

„Brücke klarmachen, um Mitternacht laufen wir aus", damit war Weihnachten vorbei. Noch nicht ganz. Nach den vielen Frosttagen hatte der Weihnachtsbaum ein warmes Plätzchen im Salon gefunden. Aufgehübscht stand er in einer Ecke und schwitzte vor sich hin. Den Fluch will ich nicht wiederholen, den ich morgens hören musste. Da stand nur noch ein Baumskelett, alle Nadeln hatten sich auf einem Haufen unter dem Baum gesammelt. Mit einem weiteren Fluch schnappte der Steward das leere Gerippe und beförderte es nach außenbords. Damit war das erste Weihnachtsfest auf See endgültig Vergangenheit.

Auf der Rückreise nach Hamburg wurde es im winterlichen Mittelmeer noch einmal heiß an Bord. „Stündlich Temperatur Luke 2 und 3 ablesen und eintragen", lautete die Anweisung. Langsam näherte sich die Temperatur in den oberen Laderäumen unter den beiden Luken dem kritischen Wert von 55°C. Das in Malaysia als Schüttgut geladene Kokosnussfleisch, Kopra, war wohl doch nicht so trocken wie es in den Ladepapieren verzeichnet war. Nothafen anlaufen und raus mit dem Zeug oder die Luke mit CO_2 fluten und bei winterlichen Außentemperaturen weiterfahren bis Hamburg?

Im Hamburger Hafen wurden wir von einem beeindruckenden Feuerwehraufgebot erwartet. „Wasser marsch", tönte es an allen Pumpen, nachdem der erste Lukendeckel geöffnet war und eine Stichflamme explosionsartig aus dem Laderaum schoss. So landeten einige tausend Tonnen Kopra nicht in den Ölmühlen, sondern auf der Deponie.

Inzwischen ist die alte Dame *Bavaria* schon längst im Hochofen verschwunden. Vielleicht sind irgendwo aus ihrem Stahl neue Elemente für ein Schiff entstanden, das ihre Geschichte auf den Weltmeeren fortsetzt.

Das Meer

Es flüstert leise, ruft laut hinaus,
Sehnsucht und Wünsche es vereint.

Eine ewig wandernde Welt,
die Zeit und Ruhe schenkt.

Die Wellen tanzen spielerisch,
sie türmen sich zerstörerisch.

Im Morgenlicht der Horizont erglüht,
das Meeresleuchten die Nacht erhellt.

Unendliches Leben es in der Tiefe birgt,
in Sekunden den Tod es bringen kann.

Ein ewiges Spiel, ohne Ende und Neubeginn.

„Langweilig, langweiliger geht es doch gar nicht", den Kommentar habe ich oft genug gehört. „Es gibt keine lebendigere und abwechslungsreichere Landschaft als das Meer", diese Antwort gebe ich heute noch. Je nach Wetter, Tageszeit und geografischer Lage sind es unzählige Facetten, die das Meer zu bieten hat. Eine Faszination, die sich nur schwer in Worte fassen lässt, man muss sie erleben. Aber auch das muss man bewusst wollen. Ansonsten ist das Meer öde und langweilig. Wer diese Eindrücke aber erlebt hat, den lassen sie ein Leben lang nicht mehr los.

An windstillen Tagen zeichnet sich das Spiegelbild der Wolken ab und erweckt so das Gefühl der Unendlichkeit. Bei Wind oder Sturm verwandelt sich das Meer in eine dynamische Bühne. Hohe Wellen türmen sich auf, brechen mit weißem

Schaum und zeigen die Bedeutungslosigkeit des Menschen angesichts dieser schier unbändigen Kraft des Wassers. Im Sonnenlicht oder Mondschein funkelt die Oberfläche wie mit Diamanten besetzt, ein ständig wechselndes Schauspiel aus Licht und Bewegung.

Der wichtigste Mann auf See

Auf hohen Wellen, in Sturm und Gischt,
Wo manchem Seemann der Mut verlischt,
da steht er im Bauch des schaukelnden Schiffs,
der wahre König der See, den keiner vergisst.
Mit Messer und Kelle, mit Pütt und Pann,
schafft er, was kein anderer leisten kann.
Sein Reich ist die Kombüse, heiß und klein,
dort schlägt das Herz des Schiffes allein.
Mit seinem Essen gibt er der Mannschaft Kraft
für harte Arbeit und die Leidenschaft,
das Schiff zu steuern zum sicheren Port,
über sich verliert er dabei kein Wort.
Ohne ihn knurrt nur der Bauch,
dann kippt die Stimmung auch.
Er ist der wichtigste Mann an Bord,
von West nach Ost, von Süd nach Nord.

„Baujahr 1958, also nur drei Jahre jünger als ich",
dachte ich, als der Taxifahrer mich an der
Gangway abgesetzt hatte. „Als Schiff damit
eigentlich bereits im Rentenalter", sinnierte ich vor
mich hin, als ich an Bord ging. Der Bootsmann
zeigte mir meine Kabine für die nächsten 6
Monate. Keine Klimaanlage, dafür holzgetäfelte
Wände, ein riesiges Bett und ein eigenes Bad. Für

ein Frachtschiff allerfeinster Luxus. Und einen Steward nur für die Offiziere. Er wollte sofort meine Uniformen und persönlichen Sachen seefest in den großzügigen Schränken verstauen.

„Willkommen an Bord und sie haben die nächste Brückenwache, also in zwei Stunden." Es war eine freundliche, kurze Begrüßung des Kapitäns. „Auf welchem Schiff von welcher Reederei fahren sie jetzt?", wollte er von mir wissen. „*Buchenstein*, Hapag-Lloyd", antwortete ich selbstsicher. Er trat einen Schritt zurück, musterte mich mit fast herausquellenden Augen, im Gesicht lief er rot an und er atmete hörbar tief durch. „Sie ist ein Lloyd-Schiff", brach es schließlich aus ihm heraus. „Wir sehen uns zum Abendessen im Salon, vorher die Brücke klarmachen zum Auslaufen," ließ er mich noch wissen, nachdem er sich bereits umgedreht hatte und in Richtung seiner Kabine stampfte.

Ich hätte es wissen müssen, die Erkenntnis kam mir aber leider zu spät. Die drei goldenen Sterne am Kragen der blauen Jacke trugen nur Kapitäne des Norddeutschen Lloyd aus Bremen. Der Lloyd war der ewige Konkurrent auf den Meeren von Hapag aus Hamburg. Die Fusion zum Unternehmen Hapag-Lloyd im Jahr 1970 und damit der faktische Untergang des Norddeutschen Lloyd traf insbesondere viele traditionsbehaftete Schiffsoffiziere bis ins Mark.

„Sechs Monate Singapur, China, Philippinen, Südkorea, das wird mit dem Alten bestimmt eine lustige Fahrt", allein der Gedanke ließ meine Reiselust noch vor dem Auslaufen an einem Tiefpunkt ankommen.

In meiner späteren Laufbahn in der Automobilindustrie habe ich mich oft an dieses Erlebnis erinnert. Bei Kooperations- oder Übernahmeprojekten habe ich mich immer von dem Satz leiten lassen, das nicht zusammenpasst, was nicht zusammengehört.

Man soll den Tag nicht vor dem Abend loben, denn der Kapitän hatte noch mehr auf Lager. Er stocherte auf seinem Teller herum, probierte einen Bissen und verzog das Gesicht. „Lassen sie den Koch kommen", wies er mürrisch den Ersten Offizier an. Der wiederum gab dem Steward ein Handzeichen und wenige Minuten später stand der Koch mit einem erwartungsvollen Gesichtsausdruck im Salon. „Bremerhaven ist ihr letzter Hafen auf diesem Schiff", den Koch würdigte er dabei mit keinem Blick.

Sein Nachfolger war es, der diese Reise nicht nur zu einem kulinarischen Erlebnis machen sollte, sondern insgesamt zu einer entbehrungsreichen, aber persönlich sehr erlebnisreichen Fahrt. Wochenlange Liegezeiten mit Landgangsverboten vor chinesischen Häfen. Da ist der Schiffskoch der wichtigste Mann an Bord, um die Mannschaft nicht nur bei Laune, sondern auch bei Kräften zu halten.

Auch diese Erfahrung habe ich mir in späteren

Jahren immer wieder in Erinnerung gerufen. Das Management eines Unternehmens ist immer gut beraten, an der Qualität einer Kantine nicht zu sparen. Eine unzufriedene Belegschaft trägt nur eingeschränkt zum Erfolg des Unternehmens bei. Wahrscheinlich ist dieses Erlebnis auch der späte Auslöser für meine heutige Kochleidenschaft.

My kitchen is my castle.

Ein stilles Gebet

„Brücke klarmachen zum Auslaufen", der Blick des Kapitäns ging dabei zu mir. Damit war das Frühstück beendet. „Wir laden die letzten Container bis 12:00 Uhr", antwortete Harald mit einem Blick auf seine Armbanduhr. Er war als Ladungsoffizier für diese Reise auf der *Hoechst Express*. Meine Aufgaben waren die Navigation und Sicherheit. Wir kannten uns bereits von den beiden Ausbildungsfahrten auf der *Bavaria*. Er wollte morgens immer seine ersten Lungentorpedo der Marke *Roth Händle* in der gemeinsamen Kammer rauchen.
Für die Revierfahrt vom schottischen Hafen Greenock bis in den offenen Atlantik legte ich die Seekarten auf dem Kartentisch bereit. Den Kurs zum ersten Hafen Halifax in Nordamerika hatte ich auf der Seekarte für den Nordatlantik bereits

abgesteckt. Der letzte Wetterbericht versprach eine stürmische Überfahrt. Für den Spätherbst nicht ungewöhnlich.

„Alle Container an Bord und gesichert", meldete Harald. Der Lotse übernahm das Kommando und zwei Schlepper zogen das Schiff von der Pier in das enge Hafenbecken. „Langsame Fahrt voraus, Ruder mittschiffs", der Lotse gab seine Anweisungen, ohne den Blick nach vorne zu verändern.

Die ersten drei Tage der Überfahrt liefen wie geplant. Seewache, Routineaufgaben und Wind bis Windstärke 6. Unsere Dame pflügte durch die Wellen, stampfte und rollte, alle 12.000 Stellplätze waren mit Containern belegt.

In den stündlichen Wetterberichten deutete sich ein Sturmtief an, dass aus Richtung Halifax uns entgegenkommen sollte. „Kursänderung, wir weichen nach Süden aus und bleiben unterhalb der Zugbahn." Der Kapitän, ein Routinier auf dem Nordatlantik, gab die Anweisung nach Prüfung der letzten Wetterkarte und dem Blick auf unseren bisherigen Kurs. Wir waren uns sicher, nur die Randausläufer des Sturmtiefs zu erwischen.

In der Nacht fiel das Barometer fahrstuhlartig, der Wind drehte immer stärker auf und heulte wie eine Bestie. Innerhalb weniger Stunden war das Meer ein tosendes Ungeheuer. Die Wellen wurden immer höher und ungestümer. „Ich übernehme," der Kapitän war aus seiner Kabine auf die

Kommandobrücke gekommen. „Halbe Fahrt voraus", war seine erste Anweisung. Das Stampfen des Schiffes ließ nach Fahrtreduzierung schnell nach. Es war Haralds Seewache, mich hatte es aber trotzdem auf die Brücke gezogen, weil es immer ungemütlicher wurde. Die Wetterkarte zeigte ein bedrohliches Bild. Der Sturm hatte nicht nur Orkanstärke erreicht, sondern auch seine Zugbahn geändert. Wir waren auf dem direkten Kurs in den Orkan hinein. Wellen, so hoch wie mehrstöckige Gebäude, rollten auf das Schiff zu und brachen mit ohrenbetäubendem Lärm.

„Langsame Fahrt, Ruder mittschiffs halten", brüllte der Kapitän plötzlich und sein Blick richtete sich starr in die dunkle Nacht vor dem Bug des Schiffes. Eine Wand aus Wasser und Schaum wurde sichtbar, die nach oben nicht enden wollte. Der Rudergänger stellte sich noch breitbeiniger vor das Ruder und seine Fingergelenke wurden weiß. Mit aller Kraft hielt er das Schiff auf Kurs. „Was für ein Monster", dachte ich, konnte es aber nicht aussprechen. Für Angst war es zu spät. Die Wassermassen trafen das Vorschiff mit einem donnernden Aufprall, der das Schiff in seiner gesamten Struktur erzittern ließ. Container kreischten in ihren Verriegelungen, das Wasser schwappte bis zum Brückenaufbau. Der Bug neigte sich in Richtung Tiefe. Unsere Dame ließ uns aber spüren, dass sie mit ihrem Vorschiff wieder auftauchen wollte. „Festhalten", den

Kapitän hatte ich auf der Brücke noch sie so laut gehört. Trotzdem ging seine Stimme in dem Brüllen des Orkans und den tobenden Wassermassen fast unter. Festgeklammert am Kartentisch und mit einem ungläubigen Blick starrte der Kapitän bewegungslos in Richtung Vorschiff. „Das ist unmöglich", wollte ich schreien, aber die Stimmer gehorchte nicht. Mit unaufhaltsamer Gewalt rollte die zweite Monsterwelle auf uns zu. Sie war noch höher, ein einziger Schaumberg. Das Zittern des Schiffes verstärkte sich noch einmal, als die Wassermassen auf das sich gerade hebende Vorschiff krachten. Dieser Donnerschlag ließ das Schiff weiter in die Tiefe gleiten. Regungslos stand der Kapitän am Kartentisch, wortlos, wir alle waren nur noch ein Spielball der Wellen. Plötzlich spürten wir ein Vibrieren unter den Füßen. Es kam vom Heck. Die Schiffsschraube musste aus dem Wasser gekommen sein und drehte sich wie ein riesiger Quirl in der Luft. Damit war das Schiff steuerlos. „Ruder festhalten", endlich eine Reaktion vom Kapitän. Die Schraube tauchte wieder ins Wasser ein und das Vibrieren im Schiffskörper hörte auf. „Nicht noch eine", es war der 1. Offizier. Auf der Brücke hielt jeder den Atem an, kein einziges Wort wurde gesprochen, jeder starrte gebannt nach vorn, als die dritte Welle, ein noch monströserer Wasserberg, über den Containern zusammenbrach. Das Schiff war bereits bis zur Mitte ins Wasser eingetaucht und rutschte weiter in die Tiefe. In dieser angespannten Stille hörten wir den Kapitän, ruhig und gefasst: „Meine Herren, das war's dann wohl."

Keiner auf der Brücke bewegte sich oder sprach etwas. Es wäre auch sinnlos gewesen. In Millisekunden raste ein Film mit Ereignissen aus dem Leben durch mein Gehirn, für ein stilles Gebet reichte die Zeit nicht.

Ganz langsam, wie in Zeitlupe, brach das Vorschiff wieder durch die schäumende See. „Wie, das Vorschiff ist ja noch dran", war die erstaunte Bemerkung des Kapitäns. Die Maschine arbeitete weiterhin und das Schiff kämpfte unermüdlich gegen die Naturgewalten an. Die Hände des Kapitäns lösten sich vom Kartentisch und er blickte in die Runde seiner Offiziere. „Noch einmal davongekommen", er versuchte ein Lächeln auf sein Gesicht zu zaubern.

Wir sollten ein erstes Bild möglicher Schäden am Vorschiff bekommen. Harald und ich bewegten uns vorsichtig unter Deck auf dem Laufweg zwischen Bordwand und den Containerschächten nach vorn. Geräusche wie explodierende Bomben begleiteten uns. Erzeugt von Stahlcontainern, die sich durch die fahrstuhlartigen Bewegungen des Schiffes in ihren Halterungen aufgeblasen hatten wie Luftballons und dann wieder in die ursprüngliche Form zurücksprangen. Die

Bordwände am Vorschiff schienen unbeschädigt und größere Wassereinbrüche gab es auch keine.

Der Orkan tobte noch Stunden weiter, doch keine der folgenden Wellen erreichte die Gewalt dieser drei Giganten. Irgendwann gegen Morgen flaute der Sturm ab. Die Wellen blieben hoch, aber die Spitzen brachen nicht mehr mit derselben Wucht. Der Himmel, der stundenlang pechschwarz gewesen war, zeigte erste graue Streifen. Unsere Dame hatte uns das Überleben gesichert.

Mehr als fünfzig Container hatten sich aus den ersten Reihen auf Deck auf Nimmerwiedersehen ins Meer verabschiedet. Unter der Vielzahl beschädigter Container war auch die letzte Ladung, die in Greenock an Bord genommen wurde. Es waren Tankcontainer. Aus den Ladepapieren ging hervor, dass es sich offensichtlich um eine alkoholische Flüssigkeit handeln musste. Eine erste Probe ergab, dass es bester schottischer Whisky war, auf dem Weg in die USA. Der Zimmermann musste später noch weitere Proben abfüllen.

Diese Nacht hat mein weiteres Leben bis heute geprägt. Die See hatte mir in aller Deutlichkeit gezeigt, wie klein der Mensch im Angesicht ihrer Naturgewalt ist und wie schnell alles vorbei sein kann. Die Unwichtigkeit des einzelnen Menschen gegenüber der Kraft des Meeres wurde mir in diesen Stunden auch bewusst. Diese Erkenntnis hat auch meine spätere Laufbahn als

Industriemanager in meinem Verhältnis gegenüber Wichtigtuern geprägt.

In mein stilles Gebet nach der Ankunft in Halifax hatte ich auch die Schweißer auf der Werft einbezogen, die den Rumpf des Schiffes zusammengefügt hatten.

Im großen Kreisverkehr

„Deine Zufriedenheit ist kein Zufall, sondern das Ergebnis deiner Entscheidungen."

„Wenn dein Herz aufhört zu brennen, ist es Zeit, den Funken woanders zu suchen."

„In jedem Ende steckt ein neuer Anfang – vertraue darauf, dass der nächste Schritt der richtige ist."

Nach der großen Freiheit auf See folgte eine beklemmende Nachtfahrt mit dem Zug durch die DDR nach Westberlin. Die Passkontrolle am „Antifaschistischen Friedenswall", wie die Grenze im DDR-Jargon genannt wurde, war wie ein Persönlichkeits-Striptease. Derartige Kontrollen hatte ich bisher in keinem Land der Welt erlebt. Selbst in China unter Mao Zedong und seinem Landgangs Verbot waren die Passkontrollen stets höflich und wurden mit einem Lächeln begleitet, das sicher nicht ehrlich war. Aber wenigstens ein Lächeln.

Ein regnerischer Morgen, kurz nach 6 Uhr, wolkenverhangener Himmel, der Blick aus dem Restaurant im Bahnhof Zoo fiel auf eine dunkelgraue Fassade, ohne jeden Blickfang.

„Haben wir nicht", war meine offensichtlich richtige Übersetzung der Antwort des mürrischen Kellners in der mir noch nicht geläufigen Berliner

Mundart. „Haben wir nicht", war die gleiche Antwort auf meine alternative Bestellung. „Was haben sie als Frühstück?", versuchte ich inzwischen genervt herauszubekommen. „Schrippen, Marmelade und Salami", war seine noch mürrischere Antwort. Die Qualität des Frühstücks entsprach dem fleckigen Tischtuch und der heruntergekommenen Einrichtung. Augenblicklich war ich wieder bei der Entscheidung des Kapitäns auf der *Buchenstein*, den Koch damals von Bord zu schicken. Nach diesem fragwürdigen Frühstück war mein erster Bedarf an Westberlin schon gedeckt. In dieser Stadt sollte ich die nächsten fünf Jahre verbringen? Ich war geneigt, auf den Bahnsteig zu gehen und den nächsten Zug zurück nach Hamburg zu besteigen. New York, Baltimore, Charleston, Savannah, Houston, Veracruz, Amazonas, Manaus, Rio de Janeiro, Santos, Sao Paulo, Panamakanal, San Francisco, Guayaquil, Antofagasta, Arica, Iquique, Punta Arenas, Santiago, Valparaiso, Magellanstraße, Buenos Aires, Montevideo, Kapstadt, Penang, Port Kelang, Singapur, Belawan, Jakarta, Semarang, Surabaya, Borneo, Bangkok, Shanghai, Hongkong, Manila, Bugo, Kobe, Yokohama, Nagoya, Busan, Incheon, Suez-Kanal, La Valetta, Rotterdam, Antwerpen. Diese und viele andere Häfen hatte ich bei dem schlechtesten Kaffee der vergangenen Jahre in schneller Abfolge in Erinnerung. Erlebnisse und Eindrücke, die sich in meinem Kopf eingebrannt haben. Und jetzt, vorläufiger Ankerplatz Westberlin! Ein zweites Studium, Wirtschaftsingenieurwesen, Fachrichtung Maschinenbau, an der Technischen Universität Berlin. Zehn Semester Pflichtstudienzeit lagen vor mir und schuld an der Misere war die Zentrale Vergabestelle für Studienplätze, ZVS. Ihr hatte ich es zu verdanken. Im Wintersemester konnte man sich nur an der TU Berlin immatrikulieren.

Seefahrt ist gleichbedeutend mit Risikofahrt, das war das normale Berufsrisiko. Mit der Containerfahrt fühlte ich mich mehr und mehr als gut bezahlter Überseetransportbegleiter. Das volle

Risiko für unbekannte Ladungen in den Containern übernehmen zu müssen, wurde zunehmend zu einem persönlich unkalkulierbaren Wagnis. Mit der Entscheidung abzumustern, haderte ich über einige Reisen hinweg. Die Explosion von nicht deklarierten Fässern mit Wasserstoffperoxyd im Indischen Ozean beschleunigte meine Entscheidung.

Einem Nautischen Schiffsoffizier wurde gleichzeitig der Titel Wirtschaftsingenieur für Seeverkehr verliehen. Ein Blick in die damaligen Berufsbeschreibungen des Arbeitsamtes versprachen, du kannst alles und nichts, du bist nicht Fisch und nicht Fleisch, aber Wirtschaftsingenieur. Ein Mittler zwischen den Welten der Ingenieure und den Kaufleuten sowie und ein Wandler rund um die Welt. Diese Wahl habe ich nie bereut.

Um 10 Uhr öffnete das Immatrikulationsbüro und bereits nach 10 Minuten war ich offiziell Student an der TU Berlin. Wahrscheinlich unter heutigen Verwaltungsvorschriften, insbesondere in Berlin, völlig undenkbar.

Auf der Fahrt in der im Vergleich zu dem Bahnhofsrestaurant noch schäbigeren S-Bahn nach Lichterfelde wurde Berlin immer heller, grüner und luftiger. Eine Stadt mit unglaublich vielen Facetten. In den folgenden Jahren durfte ich diesen Reichtum an Kreativität, Abwechslungen und Überraschungen fast täglich erleben.

Pulsierendes Tag- und Nachtleben am Kudamm und in den Nebenstraßen, Reinhard Mey noch ohne Ruhm als Bänkelsänger, Frühstück bis 16 Uhr in unserer Kneipe in Charlottenburg. Verlaufen konnte man sich nicht. In jeder Richtung endeten die Straßen und Wege irgendwann an einer Mauer. Dann musste man nur nach links oder rechts gehen und kam wieder zurück zum Ausgangspunkt. Es war wie in einem großen Kreisverkehr.

„Willkommen in Berlin", mit einem Lächeln überreichte mir die junge Dame den grünen Personalausweis. „Haben sie einen Zweitwohnsitz in Westdeutschland?", fragte sie zurückhaltend. „Dann sollten sie dort auf jeden Fall einen Reisepass beantragen." Sie bemerkte meinen fragenden Blick. „Mit einem behelfsmäßigen Personalausweis und einem Reisepass aus Westberlin kommen sie in der Welt nicht weit", sie konnte sich ein Lachen kaum verkneifen. Ich zeigte ihr mein Seefahrtbuch, das als offizieller Reisepass weltweit anerkannt war. Sie hatte so ein Dokument wohl noch nie gesehen, wie ich ihren erstaunten Blicken beim Durchblättern entnehmen konnte.

Dieser kleine grüne Personalausweis sollte mir später im Ländle einen denkwürdigen Dienst erweisen.

BUNDESREPUBLIK
DEUTSCHLAND
Seefahrtbuch
für
HANDACK
(Name)
Heinz
(Vorname)
Behelfsmäßiger
Personalausweis

Leidenschaft und rote Grütze

"Rote Grütze ist wie das Leben"
Manche mögen sie süßer, andere saurer – aber die
Balance macht sie vollkommen.

"Der wahre Genuss der roten Grütze liegt in der Begleitung"
Ob Vanillesoße, Sahne oder Eis – das Zusammenspiel
macht den Moment unvergesslich.

„Warte, ich habe noch etwas für dich", Susannes
Mutter lief zurück in die Küche und kam mit einer
großen Schüssel zurück. Es erschien mir fast wie
ein Ritual. Einladung zum Essen und zum
Abschied die obligatorische Schüssel. „Ich weiß
doch, wie gern du sie magst." Meinte sie Susanne
oder den Inhalt der Schüssel, fragte ich mich
insgeheim. Oder war es eine Art Bestechung?
Liebe soll bekanntlich auch durch den Magen
gehen. Dann hätte aber Susanne für mich in der
Küche stehen sollen. „Susanne hat mir in der
Küche geholfen", war ihre Antwort auf meine
nicht gestellte Frage.
In der U-Bahn musste ich an mich halten, um den
Deckel nicht anzuheben. Endlich in den eigenen
vier Wänden angekommen, konnte ich aber nicht
mehr. Ich schaufelte die rote Grütze in mich
hinein, bis mir fast schlecht wurde. Es klingelte an
der Wohnungstür. Susanne kam herein. Nach einer
kurzen Umarmung ging sie wortlos in die Küche,

holte sich einen Löffel und wir teilten uns den Rest
der roten Grütze. Die Liebe zu ihr war irgendwann
zu Ende. Geblieben ist die Leidenschaft für rote
Grütze geblieben.

Zimmer und Klinge

„Tradition bewahren heißt nicht, in der
Vergangenheit zu leben.“

„Gemeinschaft ist das Fundament der Stärke.“

„Ein Verbindungsleben ist kein Privileg, sondern
eine Verantwortung.“

Ein lautes Stimmengewirr war bereits an der
Haustür zu hören. „Soll ich wirklich läuten?“,
neben der Neugier spürte ich auch einige Zweifel
aufkommen. Die Einladung zu diesem Abend
bediente alle Vorurteile, die über studentische
Verbindungen hinlänglich bekannt waren. Wirklich
verlockend war nur die letzte Zeile auf dem Plakat.
Nur kurz nach dem Läuten wurde die Haustür
geöffnet. „Herzlich willkommen bei uns. Ich bin
Henner“, es war mehr als ein freundlicher
Empfang, fast herzlich. Nach wenigen Minuten
wurde mir ein frisch gezapftes Bier in die Hand
gedrückt und um mich herum hörte ich lautstark
„Prost“. Henner stand neben mir und stellte mich
einigen Herren vor. Es wurde ein langer Abend
und er endete noch nicht mit dem Ausruf „Vivat,
crescat, floreat Cheruscia!“, als mir das zweifarbige
Band eines Fuxen der Verbindung umgehängt
wurde.

„Wir haben Zimmer frei", war das Angebot in der letzten Zeile auf dem Einladungsplakat. Das Zimmer konnte sich sehen lassen. Im ersten Stock der alten Villa in Berlin-Lichterfelde, mit Balkon und einem parkähnlichen Garten.

„Du siehst aus, als hättest du nicht geschlafen. Nervös wegen heute Abend?" Henner reichte mir in der gemeinsamen Küche eine Tasse Kaffee. „Das nächste Bier gibt's erst nach der Partie", seine Ankündigung weckte keine Freude in mir.

„Ganz ehrlich, Henner, so ganz wohl ist mir nicht bei der Sache."

„Glaub mir, das ist jedem von uns vor der ersten Partie so gegangen", beruhigend war seine Antwort trotzdem nicht.

„Du hast glänzend fechten gelernt, deine Hiebe kommen schnell und präzise, die beiden Übungspartien waren hervorragend. „Sollte etwas sein, gehe ich als Sekundant dazwischen. Du kannst dich auf mich verlassen."

In der Sturmnacht auf dem Nordatlantik war keine Zeit, Angst zu haben. Außerdem waren wir ein Spielball der Wellen. Das hier war etwas anderes. Das Bewusstsein, mit einer scharfen Klinge seinem Gegenpaukanten gegenüberzustehen, das selbstgewählte Risiko einer möglichen Verletzung bei einer falschen Abwehr, die Unsicherheit wurde stärker in mir auf.

„Jetzt raus mit dir", Henner stieß mich aus dem Nebenzimmer fast in den Mensurraum. Mein

Gegenpaukant, auch eine erste Partie, stand bereits an seinem Platz. Arme und Oberkörper bis zum Kinn in der dicken Schutzkleidung, die eiserne Brille, ansonsten war der Kopf die einzige Trefferfläche. Alles erschien surreal.

Der erste Hieb kam schneller als erwartet. Ich konnte ihn parieren und mit den nächsten Schlägen waren wir beide in einem Rhythmus. Parieren, Schlag, die Klingen kreuzten sich über unseren Köpfen und schwangen wieder zurück. Konzentration ersetzte die Angst und es war kein Kampf, sondern ein Ritual mit höchster Disziplin. Nach zehn Gängen mit jeweils zehn Hieben war die Partie beendet. Wir senkten die Klingen, gaben sie den Sekundanten und zogen den Schutzhandschuh aus. Es war ein freundschaftlicher Händedruck zwischen uns.

Während meiner aktiven Corpsstudentenzeit folgten noch drei weitere Partien.

„Das ist doch völlig krank, mit einer scharfen Klinge aufeinander einzudreschen", derartige Kommentare habe ich oft gehört. „Es geht nicht darum, jemand zu besiegen, es geht um höchsten Respekt seinem Gegner gegenüber und um die Überwindung der eigenen Angst", war mein Erklärungsversuch. Wir hatten sogar einen aktiven Bischof in unseren Reihen, dann konnte unsere Tradition doch nicht so falsch sein.

Auge in Auge

„Prinzipien sollten bestehen bleiben, auch wenn es einmal unbequem wird.“

„Mr. President“, mit einer einladenden Handbewegung forderte ich ihn und seinen Tross auf, mir zu folgen. Er war zwar von seinem Amt nicht ganz freiwillig zurückgetreten, die formale Anrede war trotzdem Pflicht. Das wurde mir bereits Tage vor der Führung von amerikanischen Vertretern der Botschaft und dem Leiter der Öffentlichkeitsarbeit eingetrichtert. Umgeben von seinen Sicherheitsleuten wirkte er klein und wenig charismatisch, Richard Nixon. Die Führung durch die Verlagsräume und die Druckerei des Zeitungsimperiums war wohl eher ein politisch unwichtiger Programmpunkt, den Mr. President absolvieren musste. Sein Ziel war offensichtlich der 13. Stock des Hochhauses in der Kochstraße.
„Welcome Mr. President“, mit einem festen Händedruck begrüßte Axel Springer als Verlagschef und Hausherr den einst mächtigsten Mann der politischen Welt im Journalistenclub.
Nach den obligatorischen Grußworten gingen die beiden Männer zu der nach Ostberlin gerichteten Fensterfront, um einen erhöhten Blick über die Berliner Mauer zu werfen.
Als studentischer Mitarbeiter in der Öffentlichkeitsarbeit waren meine Augen mehr

auf das Buffet und den Champagner gerichtet.

„Das Verlagsgebäude ist einen Meter vor der Mauer gebaut worden, aus Prinzip", ließ sich Axel Springer vernehmen. „Die Hochhäuser auf der anderen Seite wurden nur mir zuliebe errichtet, um den ungehinderten Blick auf Ostberlin zu verhindern". Mit einer ausladenden Handbewegung deutete er auf die drei blauweißen Hochhäuser und lachte dabei. „Wir können uns seitdem auf gleicher Höhe Auge in Auge sehen", fügte der Verleger mit einem sarkastischen Unterton hinzu.

„Mit den eigenen Prinzipien hatte es Mr. President wohl nicht so ernst gemeint", bei dem Gedanken an Watergate musste ich schmunzeln. Endlich wurde das Buffet eröffnet.

„Bleiben sie auf ihrem Weg bei ihren Werten und Prinzipien, auch wenn es unangenehm wird." Es war der Abschluss eines persönlichen Gespräches nach einem der zahlreichen Empfänge im Journalistenclub. Mir kam dabei der Begriff des Industriekapitäns in den Sinn. Wie auf dem Schiff, einer hat das Sagen und gibt den Kurs vor.

Die Medienwelt, auch das Springer-Imperium, wurde später eine andere.

BRD
"DDR"
BILD
DDR

Ein Bildschirm-Traum

„Wer den Wandel verweigert, verliert die Zukunft."

„Neue Technologien erfordern auch eine neue Denkweise."

„Innovationen sind nicht die Feinde der Tradition, sondern ihre evolutionäre Ergänzung."

„Die Führungen übernehme ich aber weiterhin gern", meine große Sorge war, den Zugang zu den Buffets und dem Champagner im 13. Stock mit der neuen Aufgabe zu verlieren. „Melden sie ihre Verfügbarkeiten meiner Kollegin in der Öffentlichkeitsarbeit, dann werden sie von ihr eingeteilt." Sie lächelte verschmitzt.
Redaktion Neue Medien, hinter dieser Tür sollte also die mediale Revolution ihren Anfang nehmen. Mit Spannung öffnete ich die Tür und war sofort ernüchtert. Es sah genauso aus wie in den Redaktionsbüros der großen Tageszeitungen im Verlagshochhaus. Vier zusammengeschobene Schreibtische, vier antike Bürostühle, vier Bildschirme und davor eine Tastatur.
„Guten Tag und herzlich willkommen", die Begrüßung wurde begleitet von einem Lächeln. Tatsächlich hatte ich sofort das Gefühl, willkommen zu sein. „Ich heiße Alice und bin erst seit kurzer Zeit in Berlin und im Springer Verlag.

Du kannst dir deinen Platz aussuchen. Noch sind wir hier allein in der Redaktion." Als Redaktion wollte ich das Büro nicht bezeichnen, es lagen keinerlei Pressemitteilungen, Zettel, Fotos, Schreibblöcke oder sonstige Utensilien der Journalisten auf den Tischen. Die Wände waren völlig nackt, keine angeklebten Notizen, noch nicht einmal Bilder. Dabei verfügte der Verlag über die größte Sammlung von Zeichnungen des Künstlers Heinrich Zille. Nichts davon war zu sehen.

Einer meiner Corpsbrüder wurde später Kurator der Kunstsammlung des Verlags. Wir standen oft vor dem einen oder anderen Gemälde, das im Archiv wohltemperiert lagerte.

„Das ist hier völliges Neuland für mich, vorher Redakteurin für die Seite 3 in den Stuttgarter Nachrichten, Interviews, Recherchen, Redaktionskonferenz, Artikel schreiben", ihr Blick aus dem Fenster war wohl in Richtung Stuttgart gerichtet. Da saß mir eine Vollblutredakteurin gegenüber und es klang nicht nach medialer Aufbruchstimmung.

Später stießen noch zwei weitere Redakteure von den hauseigenen Tageszeitungen dazu. Auf die beiden hätten wir auch gut verzichten können.

Bildschirmtext nannte sich das Projekt, ein Förderprojekt unter Führung Berlins in Zusammenarbeit mit dem auflagenstärksten Boulevardblatt aus dem Hause Springer.

Von Optimismus und einem positiven Blick in die Zukunft hatte ich eine andere Vorstellung. Dabei sollten wir die Leserinnen und Leser in die digitale Ära führen. Eine bahnbrechende Idee, die Informationen auf Knopfdruck ins Wohnzimmer bringen, direkt auf den Fernseher.

„Unsere Leser wollen raschelndes Papier in den Händen, keine Nachrichten auf einem Bildschirm," den inneren Protest der beiden Zeitungskollegen hörten wir jeden Tag. „Was kann Bildschirmtext anders oder besser als die gedruckten Tageszeitungen?", diese Frage diskutierten Alice und ich immer wieder. „Wir können aktuelle Meldungen fast in Echtzeit liefern. Kein Warten auf den Druck, keine Lieferzeiten." Unsere Antwort klang fast wie eine Umwälzung in der Medienlandschaft.

„Bildschirmtext, die Zeitung von morgen heute schon auf ihrem Bildschirm", wir sahen die Schlagzeile schon vor unseren Augen.

Wettervorhersage, Börsenkurse und ein tägliches Horoskop waren programmtechnisch schnell umgesetzt. Die Nachrichten aus den Redaktionen erreichten uns bald wie am Fließband. „In der Kürze liegt die Würze", nach diesem Motto wurden die Artikel den technischen Voraussetzungen und dem Nutzerverhalten vor den Bildschirmen angepasst.

„Mit der unflexiblen Baumstruktur im Programmaufbau und der umständlichen Menüführung will das Ding draußen keiner. Und warum sollen die Nutzer dafür auch noch Telefongebühren zahlen?" Die ersten

Rückmeldungen an die Verlagsleitungen waren trotz steigender Zugriffe und erweiterter Inhalte ernüchternd.

Mich drückte langsam eine ganz andere Herausforderung. Für die Zulassung zu den Prüfungen an der Universität waren ein technisches und ein kaufmännisches Praktikum zu absolvieren, jeweils drei Monate. Den technischen Teil hatte ich bereits in der Tasche. Meine Ausbildung im Maschinenraum während der Seefahrzeit hatte das Prüfungsamt großzügig anerkannt.

„Ich kenne da jemand, der dir vielleicht helfen kann, einen Praktikumsplatz zu ergattern. Du kommst heute Abend zum Essen zu uns nach Hause, dann sehen wir weiter." Der Abend war der Beginn einer wunderbaren und tiefen Freundschaft. Hitzige Diskussionen über alle Themen dieser Welt bei guter Küche und immer ausreichend Wein waren an der Tagesordnung.

Jörg war als Leiter Rechnungswesen in das Werk eines Automobilherstellers von Stuttgart nach Berlin versetzt worden. Für Alice bot sich eine Chance in der Redaktion Neue Medien. Wir saßen abends und an den Wochenenden zusammen und wollten immer die Welt verändern oder retten. Bald hatte ich das Gefühl, im Geiste adoptiert worden zu sein. Die beiden waren für mich meine „Zieheltern" und sind es bis heute geblieben, obwohl Jörg viel zu früh gestorben ist.

„Wir können ihnen eine Stelle als studentischer Mitarbeiter im Rechnungswesen anbieten." Die Überraschung war dem Abteilungsleiter zum Abschied nach meinem Praktikum gelungen. Studium, Öffentlichkeitsarbeit, Redaktion, Rechnungswesen, alles war verlockend. Insgesamt aber wohl kaum zu schaffen.
Unser Uni-Quintett konnte helfen. Wir waren eine Arbeitsgruppe an der Universität, die sich am allerersten Tag gefunden hatte und bis zur letzten Prüfung ohne Unterbrechung zusammen geblieben war. Studienpläne, Arbeitspläne, Klausuren, Prüfungsvorbereitungen, zum Semesterbeginn wurde alles besprochen und verteilt. Ohne diese Gruppe und die gemeinsame Disziplin hätten wir unser Pensum nicht in der Pflichtstudienzeit von 10 Semestern leisten können. Es war anstrengend und trotzdem hatten wir immer noch Zeit für eine Skatrunde und einige Biere. Außerdem war Berlin 24 Stunden und 7 Tage die Woche geöffnet. Es gab keine Sperrstunde.
„Wollen sie in der Presseabteilung beim Regierenden Bürgermeister Stobbe eine Abteilung Neue Medien übernehmen?" Damit war für Alice die Redaktionsarbeit im Springer Verlag beendet. „Haben sie Lust, in unserer Werbeagentur eine Abteilung Neue Medien aufzubauen?" Mit dieser Frage waren der Springer Verlag und der 13. Stock auch für mich Geschichte. Bildschirmtext in den Verlagen und das parallele Medium Videotext in

50

den Fernsehsendern waren offensichtlich doch gefragter als wir angenommen hatten.

Obwohl Bildschirmtext später von moderneren Technologien abgelöst wurde, war es für uns ein persönlicher Meilenstein. Die Grundstrukturen finden sich im heutigen Internet an jeder Stelle. Wir haben den Wandel in der Medienwelt nicht nur miterlebt, sondern mitgestaltet. Darauf haben wir später noch so manches Glas Wein geleert.

Reisen unter dem Stern

„Ein Stern kennt keine Grenzen.“

„Das war die letzte Prüfung, geschafft“, Ludger hob sein Bierglas und wir stießen alle miteinander an. Von 120 Studienanfängern, wir hatten nur drei Studienanfängerinnen, waren es am Ende noch fünfzehn Absolventen. Es war der letzte und wohl längste gemeinsame Abend des Quintetts. Wirtschaftsingenieure wurden von der Wirtschaft umgarnt und umworben. Jeder von uns hatte bereits mehrere Angebote in der Tasche, nur Ludger wollte noch promovieren. Es hat ihm nicht geschadet.

Einstieg in die Werbeagentur mit der Abteilung Neue Medien, Vorstandsassistent bei einem Sportwagenhersteller in Stuttgart oder Start in der internationalen Nachwuchsgruppe mit einer ungewissen Zukunft bei einem großen Autokonzern in Stuttgart. Das waren meine Optionen. Die Welt der Werbung war schillernd und partylastig, dafür hätte ich dieses Studium aber nicht absolvieren müssen. Die Sportwagen waren schnell, aber zu laut, zu eng und im Rest der Welt gab es nur Vertriebsniederlassungen. Zu Lande, zu Wasser und in der Luft, diese Symbolik des Sterns über Stuttgart war faszinierend.

Dann erhielt ich den Anruf des Personalleiters in der Zentrale mit der dringlichen Bitte, kurzfristig zu einem Gespräch nach Stuttgart zu kommen. Das Angebot, in die Internationale Nachwuchsgruppe einzusteigen, war verlockend. Aus dem großen Kreisverkehr wieder zurück auf die Weltbühne.

„Das erste Seminar beginnt bereits nächste Woche", hörte ich beiläufig bei der Vertragsunterschrift. „Wir bringen sie in einem Hotel in Esslingen unter, dass wir für unsere externen Neuzugänge angemietet haben", damit war mein fragender Blick auch geklärt.

Wie es der Zufall wollte, kam Gisbert aus unserem studentischen Quintett aus Esslingen. Bereits in Berlin hatte er sich manchmal am Telefon in einer mir fremden Sprache mit seinen Eltern am Telefon unterhalten. Mit uns kommunizierte er in einem makellosen Oxford-Deutsch. Er war mein erster Stadtführer durch Stuttgart. In der mir immer noch fremden Sprache konnte er einen Tisch im Restaurant organisieren und lokale Spezialitäten bestellen. „Du musst unbedingt Maultaschen probieren", war seine Empfehlung. Nach den unzähligen Berliner Currywürsten war es ein schmackhafter erster Eindruck von der schwäbischen Küche.

„Die Fahrkarten bitte", hörte ich direkt neben mir, als sich die Türen der S-Bahn geschlossen hatten. Es war meine erste Fahrt mit dem komfortablen Zug im Vergleich zu den Berliner Rumpelwagen. „Auf dem Bahnsteig habe ich keinen Fahrkartenautomaten gefunden", startete ich meine Verteidigung. „Ich bin vom Parkplatz auf den Bahnsteig gelaufen und da war kein Automat. Die S-Bahn ist eingefahren und ich dachte, vielleicht kann man auch im Zug noch bezahlen. In Berlin steht an jedem Eingang zu den Haltestellen ein Fahrkartenautomat", versicherte ich dem Kontrolleur, der mich finster anstarrte. „Sie haben keinen Fahrschein?", stellte er mit seiner Frage fest. „Wo wollen sie hin?", die Frage klang wenig kompromissbereit. „Zum Hauptbahnhof, ich bin ja bereit zu zahlen, aber ohne Automat ist das schwierig." Von einigen Fahrgästen erntete ich böse Blicke. „Können sie sich ausweisen?", das hörte sich fast wie polizeideutsch an, aber der Tonfall kam mir von allen Grenzübergängen in Berlin sehr bekannt vor. „Ist das ein gültiger Personalausweis?", erstaunt drehte und wendete er den behelfsmäßigen grünen Personalausweis in seinen Händen. „Sie kommen wirklich aus Berlin und da gibt es an jedem Eingang einen Fahrkartenautomaten?" Sein Blick wirkte ungläubig und fragend. Nach kurzer Überlegung gab er mir den Ausweis zurück, nannte den Fahrpreis bis zum Hauptbahnhof und zückte einen Quittungsblock. Nachdem er das Geld erhalten und ordnungsgemäß quittiert hatte, kreuzte er auf der Quittung noch etwas an. Es war die Begründung für die nachträgliche Bezahlung des Fahrpreises. Er hatte die Antwort „Ausländer" angekreuzt. Damit kannte ich meinen Stellenwert als Berliner im Schwabenland. Der behelfsmäßige Personalausweis liegt immer noch in meinem persönlichen Passarchiv. Grün heißt eben nicht gleich schwarz fahren.

Berufsjahre vergehen wie im Flug. In der Personalabteilung schien man diese Erkenntnis in Bezug auf meine Person ernst zu nehmen. Ein Projekt jagte das nächste und eine Flugreise folgte der anderen. Die Meilenkonten bei den verschiedenen Fluggesellschaften waren zum Bersten gefüllt und zogen sich wie ein Schweif hinter den Flugzeugen her.

„Wollen sie für ein Jahr in die USA nach Portland wechseln?" Das klang nicht wie eine Frage, sondern mehr als Marschbefehl. Die Übernahme des LKW-Herstellers Freightliner brachte viele Herausforderungen mit sich. „Verkaufen wir einen LKW mehr, nehmen wir dein Projekt in die Liste auf. Sparen wir zudem Fertigungszeit ein, kommt dein Projekt unter die ersten zehn auf der Liste. Werden wir auch noch kostengünstiger, fangen wir sofort mit dem Projekt an." Eine einfache Regel, die ich später noch häufig angewendet habe. In dem Jahr habe ich auch erfahren, was Mangelware bedeutet. Deutsches Brot konnte man in Portland kaufen, gebacken nach deutschen Rezepten mit Mehl aus Kanada. Kaffee, Schokolade und Gummibärchen, das waren die lebensnotwendigen Mitbringsel aller Gäste aus Stuttgart, die uns besuchen oder heimsuchen kamen.

„Sie wollten doch immer schon in Südkorea arbeiten", die Frage wurde mit einem breiten Grinsen gestellt.

„Geben sie her, das Gerät müssen wir extra prüfen", herrschte mich ein Mitarbeiter der Flughafensicherheit an. „Vorsicht, der Laptop ist empfindlich", war meine vorsichtige Antwort, als ich den PC, es war seinerzeit noch ein sprichwörtlicher Schlepptop, vorsichtig auf den Tisch vor dem Röntgengerät legte. Dann hörte ich es nur noch scheppern. „Das Ding ist aber schwer", das sollte wohl eine Entschuldigung für das vorzeitige Aus des Laptops sein. In Seoul wartete ein Ersatzgerät auf mich.

Die Kalkulationen auf dem neuen Rechner waren nach einem halben Jahr niederschmetternd. Zumindest für die Leitung der Motorenproduktion in Stuttgart. Die Vergleichskosten für einen

Dieselmotor aus südkoreanischer Fertigung waren 3.601 DM pro Einheit. Entscheidend war bei der Präsentation im Vorstand offensichtlich die 1 DM. „So genau kann man das gar nicht rechnen", war die mehrfache Ausrede des Produktionsleiters. Nach der Industrialisierung des Motors in Südkorea lagen die Kosten noch darunter. Im Stuttgarter Motorenwerk durfte ich mich längere Zeit nicht blicken lassen, da ich als Urheber und damit persona non grata für drastische Einsparungsmaßnahmen angesehen wurde.

„Nur um Klarheit zu schaffen, bevor wir über das Projekt verhandeln, veranlassen sie eine Zahlung in Höhe von 100.000 US Dollar." Der Wunsch wurde in Südafrika laut und vernehmlich von einem Gewerkschaftsführer und späteren Präsidentschaftskandidaten geäußert. Früher gab es in der Kostenrechnung eine steuerlich anerkannte Position Nützliche Abgaben, abgekürzt NA, für besondere Projektausgaben. Die Nützlichkeit war dann doch etwas zu hoch und die Reise endete mit einem unplanmäßigen Besuch im Krüger Nationalpark, da plötzlich noch ausreichend Zeit für Freizeit war.

Im dunklen Machtzentrum

"Die belgischen Pralinen sind ein Beweis dafür, dass süße Lösungen oft die besten sind."

"Nach der Bürokratie in Brüssel sind die belgischen Biere die Belohnung."

"Brüssel lehrt uns, dass Kompromisse keine Schwäche, sondern eine Kunst sind."

„Ist es nicht sinnvoller, wenn sie nach Brüssel wechseln? Dann müssen sie nicht mehr jedes Wochenende mit dem Auto fahren. Das wäre doch eine Art Familienzusammenführung." Mir fiel fast das Besteck aus den Händen. Das Essen in der Kantine mit meinem Büronachbarn nahm eine unerwartete Wendung. „Im Europäischen Automobilverband ist eine interessante Stelle frei, die wir mit einem Vertreter aus unserem Konzern besetzen können." Es bedurfte noch eines Zwiegespräches mit dem Vorstandsvorsitzenden und einer Abstimmung der Präsidenten aller Mitgliedsfirmen, dann saß ich in Brüssel als Director Trade and Economics. Sozusagen der Außen- und Handelsminister der europäischen Automobilindustrie.
Schuld an dem Wechsel war ein Kopierer. „Darf ich ihnen helfen?" Die junge Kollegin stand vor dem Gerät, dass überhaupt nicht daran dachte,

eine Kopie auszuspucken. „Danke, ich brauche die Kopien dringend für unsere Sitzung", gab sie mir leise zu verstehen. Nachdem das Papierfach wieder aufgefüllt war, sprudelten die Kopien wie ein Wasserstrahl aus dem Schlitz. Nach weiteren Geheimtreffen am Kopierer war die nächste Stufe der Kommunikation ein gemeinsames Essen in der Kantine. Schon bald durfte ich ihre eigentliche Liebe kennenlernen. Der Hengst nahm mich mit seinen großen Augen sehr lange in Augenschein, bis ich ihn berühren durfte.
Sie folgte einem Ruf nach Brüssel in die Konzernrepräsentanz. Vor der Wohnungssuche lag die Auswahl eines geeigneten Pferdestalls. Stuttgart, Brüssel, Pferdestall und wieder zurück nach Brüssel. Ein neuer Rhythmus an den Wochenenden in meinem Leben. Mit einem Boot auf den Wellen reiten, das konnte ich. Auf einem Pferd reiten, das musste ich lernen. Das Glück aller Pferde ist der Reiter auf der Erde!

Irgendwann kam ein Prinz aus der 4711er Dynastie aus Köln in den Stall. Damit war ich nur noch ein Auslaufmodell.

„Was machst du hier in Brüssel?", auf einem der zahllosen Wining-and-Dining-Events lief mir Thorsten über den Weg. Wir kannten uns aus gemeinsamen Jahren in der Zentrale. „Ich bin jetzt in der Konzernrepräsentanz." Die Überraschung war perfekt.

Nachdem ich nicht mehr von einem Vierbeiner getragen werden musste, erinnerte ich mich an die eigenen zwei Beine. Thorsten ließ sich zu einem gemeinsamen Lauftraining überreden und die belgischen Biere flossen zur Belohnung nach dem ersten 20-km-Lauf durch Brüssel.

Nach dem Laufen hat er heute auch noch das Kochen gelernt. Einmal in der Woche stehen wir mit meinem Nachbarn in der Küche, um gemeinsam zu kochen. Wir freuen uns dann immer, wenn unsere Damen nach dem Essen das höchste Lob „lecker" aussprechen.

Nach drei Jahren war es genug der politischen Machtspielchen in Brüssel und auf spannenden Delegationen nach Indien, China, Japan, Korea, USA, Wolfsburg, Paris, Rom und London.

„Wollen sie nicht in Brüssel verlängern? Zurzeit ist es mit der Rückkehr nach Stuttgart schwierig." Die stereotype Antwort aus dem Personalbereich hatte ich erwartet. „Der Konzern unternimmt alles, um Stellen im Ausland zu besetzen. Aber er trägt nur wenig dazu bei, wenn man wieder zurück will." Diese Erfahrung und Botschaft hatte ich bereits während der Reisen und Auslandseinsätze verinnerlicht und an viele Kolleginnen und Kollegen im Ausland weitergetragen. Insofern war ich nicht enttäuscht, sondern eher sportlich motiviert.

„Bei ihnen wird gleich das Telefon klingeln. Dann wird ihnen mein neuer Geschäftsbereichsleiter mitteilen, dass er mich übernehmen wird." Bei dieser Ankündigung gefroren dem Personalreferenten die Gesichtszüge. Er hatte mir wiederholt unmissverständlich zu verstehen geben wollen, dass eine momentane Rückkehr sehr schwierig sein würde.

Aus Brüssel kam ich dann doch nicht mit leeren Händen zurück. Nach der Hochzeit am 1. April trug ich Christina buchstäblich auf Händen zurück nach Stuttgart. „Das ist aber kein Spaß?"; wollte ein guter Freund wissen, nachdem er das Datum erfahren hatte.

Hühnchensteuer und Garnelen

"Was einst mit Hähnchen begann, endete mit Pick-ups und Transportern."

"Manche Zölle haben eine längere Lebenserwartung als die Produkte, die sie schützen."

Cowboystiefel, Jeans, kariertes Hemd, Dreitagebart, kantige Gesichtszüge, braungebrannte Haut, Cowboyhut, Zigarre in der Hand. Er war der Chef einer der größten Paketlieferdienste auf der Welt. „Wir wollen euren Transporter auch in USA einsetzen." Sein texanischer Slang war am Anfang schwer verständlich. Das weitere Gespräch drehte sich um allgemeine Themen.

„Da war doch was? Irgendetwas mit Hühnchen", fiel mir ein. „Chicken Tax", war das Stichwort, das alle weiteren Diskussionen und Planungen beherrschen sollte. Die Ausführungen für den Vorstand klangen fast skurril. „Als Reaktion auf europäische Zölle auf US-amerikanisches Hähnchenfleisch führten die USA 1964 einen Strafzoll von 25% auf Pick-ups und leichte Nutzfahrzeuge ein. Derartige Fahrzeuge waren aus Europa nie nach USA exportiert worden. Die Zollbarriere richtete sich in erster Linie gegen die japanischen Wettbewerber. Mit ihren importierten Fahrzeugen in diesen Kategorien drohten sie den US-amerikanischen Markt zu dominieren. Um wettbewerbsfähig zu bleiben, errichteten sie erste Fabriken in USA. Damit wurde die globale Automobilproduktion stark verändert." Das klang so humorlos wie ein Vortrag in einem Wirtschaftsseminar an der Universität. Aus der Vorstandsriege erntete ich gelangweilte Blicke. „Auf einen Transporter aus unserem Werk in Deutschland müssten wir 25% Zoll zahlen. Das gleiche Fahrzeug als Busvariante kostet dagegen nur 2,5% Zoll." Damit schien für den einen oder anderen Zuhörer das Projekt bereits beendet, bevor es überhaupt angefangen hatte. „Wir können den kompletten Transporter als Kastenwagen in Bremerhaven teilweise demontieren und dann in USA wieder komplettieren." Es war ein gängiges Verfahren, in zahlreichen Ländern aus einem Teilesatz ein komplettes Auto zu montieren. Aber das fertige Auto vorher zu demontieren, das war

neu. „Und das soll sich rechnen?“, war die spontane Frage. Und wie sich das gerechnet hat.
Wie man immer wieder in der Politik lautstark vernehmen kann, sind und bleiben Zölle ein beliebtes Instrument, um Drohungen auszusprechen oder Handelspolitik aktiv zu beeinflussen.

Die aus dem Nichts angekündigte Hochzeit im Himmel zwischen dem Stuttgarter Konzern und einem US-Autohersteller wurde bombastisch gefeiert.
„Die wollen uns nicht“, war meine Erkenntnis nach den ersten Besuchen und Gesprächen in der amerikanischen Zentrale in Michigan. Das wollte

in Stuttgart aber niemand hören. „Es geht nicht zusammen, was nicht zusammengehört", die Erfahrung hatte ich bereits auf der *Buchenstein* nach dem Zusammenschluss von Hapag und dem Norddeutschen Lloyd verinnerlicht.

Eine Mitgift aus Stuttgart war das Transportergeschäft in Nordamerika. Unter einer ungeliebten amerikanischen Marke und in einem nicht geschulten Händlernetz hielt sich unsere Motivation in Grenzen.

„Wir dürfen alles wieder rückabwickeln", damit lockte ich Karl-Eugen, mit dem ich in all den Jahren sämtliche Verträge unsererseits verhandelt hatte, in das Flugzeug nach New York. „Letzte Woche saßen wir noch zusammen, um die Planungen für die nächsten Jahre abzustimmen, heute sitzen sie uns mit steifen Gesichtern gegenüber", war meine sarkastische Bemerkung. Der Begriff Wendehals aus der Zeit nach dem Mauerfall kam mir in den Sinn.

„Sucht einen geeigneten Standort und baut eine Fabrik", das war kein bierseliger Auftrag, sondern ein Marschbefehl. Koffer packen und wieder in die USA. In Charleston haben wir uns schließlich nicht nur in der Stadt und am Meer, sondern auch mit den Verträgen am wohlsten gefühlt. Die frischen Garnelen Cajun Style waren legendär.

„Wenn die Fabrik angelaufen ist, setzen wir uns auf dem Gelände in eine ruhige Ecke, trinken zusammen eine Flasche Whisky und rauchen eine

Zigarre." Beseelt von dieser Vorstellung lief der erste Transporter nach zwei Jahren intensiver Arbeit pünktlich vom Band. Das Projektteam wurde nach Stuttgart zurückbeordert, abgelöst von dem neuen Managementteam.

„In zwei Wochen soll die offizielle Eröffnung stattfinden. Der Gouverneur will persönlich teilnehmen." Die Einladungen wurden vom deutschen Repräsentanten des Staates South Carolina überbracht. In Charleston tauchte dann aber nur der neue Bereichsvorstand für die Sparte Transporter auf. „Wo ist das Projektteam?", wollte der Gouverneur wissen. „Wir müssen Kosten sparen", erfuhr der Staatslenker vom allein angereisten Spartenchef. Die Zeremonie wurde drastisch abgekürzt und der Gouverneur verabschiedete sich bereits nach weniger als einer Viertelstunde. Aus der Flasche Whisky wurde also nichts und die Zigarre musste ich als aktiver Nichtraucher auch nicht in die Luft pusten.

„Alle die meinem Vorgänger persönlich zugearbeitet haben, werden in Kürze hier nicht mehr sein", hörten wir einige Tage später grußlos in seinem Büro. „Hatte ich eine derartige Ankündigung nicht schon einmal vernommen?", mir kam die Sturmfahrt im Nordatlantik in den Sinn. Mehr als 25 Jahre für und unter dem Stern waren damit abrupt beendet. Respektlosigkeit und Menschenverachtung haben diesen Mann sogar noch in seiner späteren Position als Personalvorstand ausgezeichnet.

„Ich bin dann mal weg." Ende November 2009 ging diese E-Mail im Briefkasten einer ausgewählten Gruppe im Konzern ein.

„Ich bin dann auch mal weg und mein Anwalt schreibt Dir, wie hoch mein Anteil sein soll." Damit hatte der am 1. April 1996 begonnene Spaß ein teures Ende gefunden. Job weg, Frau weg, Tochter weg, Geld weg. Fantastische Zukunftsaussichten.

Es konnten nicht alle mit der Situation gut umgehen. Das Schicksal einer Kollegin hat mich

besonders berührt und zu dem folgenden Text
inspiriert.

Neuanfang

Mobbing.
Ich packte meine Sachen und verließ das Büro.
Für immer.
Es gab kein Zurück mehr.
Erst war ich nur zuhause, dann irrte ich durch die
Stadt.
Die Kreise wurden immer größer.
Dann begann ich mit dem Bogenschießen.
Konzentration, Ruhe, Ziel aufnehmen, kraftvoll
spannen, loslassen.
Jeder Pfeil war eine Befreiung.

Mobilität und Tupperparty

"Wie wir reisen, zeigt, wie wir die Welt sehen."

"Die Erde trägt uns, solange wir sie tragen."

**"Die größte Überraschung auf der Tupperparty?
Nicht der Preis, sondern dein Lächeln."**

Wer kennt sie nicht aus seiner Kindheit? Aber ab den Millenials ist dieses Wissen wohl verloren gegangen. Gemeint sind die allgemeinbildenden Quartette, nein, nicht das Literarische Quartett aus dem Fernsehen, sondern die Kartenspiele. PS-strotzende Autos, Schiffe und Flugzeuge. Inzwischen gibt es aber auch das Literarische Quartett als Kartenspiel. Röhrende Motoren, qualmende Auspuffrohre, Benzin- und Dieselgestank, Ölgeruch, auf den Schiffen haben wir den Schwerölverbrauch in Tonnen pro Tag ins Tagebuch eingetragen. Klimaschutz kam im eigenen Wortschatz nicht vor. War das eine chromblitzende Zeit!

„Puh, der stinkt!", hört man immer wieder, wenn ein Dieselfahrzeug älterer Bauart im Stau direkt vor dem eigenen Auto steht. „Musst du allein mit über zwei Tonnen ins Büro fahren und die Stadt zustellen?", die Frage müssen sich SUV-Fahrer jeden Tag gefallen lassen. „Wo willst Du die 300 Kilometer pro Stunde und deine 400 PS auf den

Autobahnen ausfahren? Und der Spritverbrauch!"
Mancher Besitzer solcher Autos wird heute wie ein
Aussätziger betrachtet. „Elektro funktioniert
nicht", ist die Standardantwort der meisten
Benzin- und Dieselfetischisten.

„Können sie uns ein möglichst emissionsfreies
Mobilitätskonzept für die Landesgartenschau in
Schwäbisch Gmünd organisieren?" Die Frage des
Oberbürgermeisters kam nicht überraschend. Die
Stadt hatte sich über die Technische Akademie
und den Stadtwerken bereits in den
vorhergehenden Jahren an Projekten beteiligt, um

die Elektromobilität auszuprobieren.

Vor dieser Mission musste noch ein Büromöbelhersteller in der halbtoten Stadt Gera reanimiert, ein Stahlbauunternehmen in der heimischen Region saniert und ein Ausflug in das Interim Management absolviert werden. Dann war der Weg frei in die Welt der nachhaltigen Mobilität.

Während der Gartenschau waren die Elektrobahnen so beliebt, dass man unbedingt eine Bahn für Stadtrundfahrten behalten wollte.

„Du kennst dich doch mit Containern aus?", die Antwort konnte ich mir sparen. „Wir planen ein mobiles Schulungszentrum für Elektromobilität für den Einsatz in Baden-Württemberg." Es sollte Teil eines bundesweiten Förderprojekts sein. Die neu gegründete Landesagentur e-mobil BW mit ihrem rührigen Geschäftsführer Franz hatte dafür in Berlin den Geldhahn für Fördergelder weit aufdrehen können.

„Was machst du denn hier?", war meine überraschte Frage. „Wie kommst du als Logistikleiter in den öffentlichen Dienst?" Nach zahlreichen gemeinsamen Projekten im Geschäftsbereich Transporter hatten wir uns aus den Augen verloren. Aus der Überraschung wurde eine langjährige Zusammenarbeit und wir haben so manchen Fördertopf geleert.

„Ein Auto muss brummen", war die abfällige Antwort vieler Besucher des Schulungszentrums aus den älteren Jahrgängen. „Ich brauche kein Auto mehr", war eine häufige Bemerkung junger Leute in den Städten. „Ohne Auto kann ich auf dem Land nichts bewegen", hörten wir von Jugendlichen außerhalb der Städte. Das Interesse an der Elektromobilität war noch sehr unterschiedlich im Jahr 2012.

„Haben sie Zeit und Lust, eine Kommune zu unterstützen?" Aus diesem Anruf wurden mehr als vier Jahre Arbeit als externer Mitarbeiter in der Stadtverwaltung in Ludwigsburg. „Wie können wir die Fahrverbote für Dieselfahrzeuge verhindern?", war die verzweifelte Frage in der Stadtverwaltung. Die mediale Aufmerksamkeit war der Deutschen Umwelthilfe mit ihren bundesweiten Klagen gegen ausgewählte Städte tagtäglich gewiss. Millionenschwere Projekte mit Fördergeldern aus dem Bundesverkehrsministerium wurden aufgelegt, um die Luft in den Städten zu säubern. „Im Rückblick können wir die angenommenen Ergebnisse für die Umwelt kaum nachweisen", hörte ich hinter vorgehaltener Hand von vielen Verkehrsexperten. „Neue Autos braucht der Mensch." Diesem Gedanken folgten zahllose Besitzer alter Dieselfahrzeuge. Zusammen mit verkehrlichen Maßnahmen war die Welt der Messwerte fast überall schnell wieder in Ordnung. Nachdem auch dieser Acker bestellt war, bogen Elektrobusse für den öffentlichen Nahverkehr als neue Aufgabe um die Kurve.

„In zwei Wochen veranstalte ich bei mir auch eine Tupperparty. Willst du kommen?" Zwei blaue Augen strahlten mich bei dieser Frage an und ihr Lächeln ließen mich mit meiner Antwort nicht lange zögern. Natürlich war ich schon gespannt auf das Essen bei ihr. Maßstab war die Küche ihrer Freundin, die zur Tupperparty geladen hatte. Als Single erlebte ich den schnellen Wechsel zurück zu den Grundbedürfnissen des Menschen. Essen gehörte definitiv dazu.

„Ach, dich hatte ich ganz vergessen", mit einem großen Fragezeichen in ihrem Gesicht durfte ich dann an der Tupperparty 2.0 teilnehmen. Von ihren Freundinnen wurde ich äußerst kritisch in

Augenschein genommen. Das Essen hat mich nicht enttäuscht und Sabrina hat mich dann als letzten Gast zur Tür gebracht.

Es gab zwar keine Tupperpartys mehr, die Schränke waren inzwischen voll mit Dosen und Deckeln. Aus der letzten Party wurden wunderbare Jahre, die mit einem kräftigen „Ja, ich will" am 23. Dezember 2017 auch noch ihren staatlichen Segen erhalten haben und jeden Tag ihre Fortsetzung finden.

Zeilen und Zwiebeln

"Kochen und Schreiben, beides ist Leidenschaft."

"Worte und Gewürze müssen sorgfältig dosiert werden."

„Was gibt es denn heute?", mit der Frage konfrontiert mich Sabrina fast täglich. In ihrer Küche ist eine neue Ordnung eingekehrt, die den Wünschen eines einzelnen Kochs gerecht wird. „In meiner Küche kenne ich mich nicht mehr aus." Ob es eine Ausrede oder ein versteckter Vorwurf ist, habe ich noch nicht herausgefunden. Im Schrank stehen mehr Kochbücher als Romane, die müssen sich jetzt auf ihre digitale Fassung beschränken. Ein goldener Löffel als Auszeichnung für unzählige Kochkurse, Auftritte im Fernsehen, mit jedem neuen Rezept geht es voran. Nicht alles schmeckt, aber immer mehr. Kochen erfordert Zeit und Leidenschaft sowie immer dienstags einen Marktbesuch. Abends muss dann der Küchentreff schnippeln und rühren. Das höchste Lob von Thorsten ist ein lautes „lecker" während des Kochens und am Tisch.

Auch das Schreiben geht nur mit Leidenschaft und Fantasie. „Die Gute-Nacht-Geschichten schreibe ich auf", aus dem Versprechen wurde ein Kinderbuch zum Vorlesen und Erzählen. Es war der Beginn einer neuen und fantasievollen Leidenschaft.

Rezept für eine Kurzgeschichte

Zutaten:

1 Prise Hauptfigur: Wähle eine interessante Figur, die Sympathie weckt oder polarisiert.

2 EL Konflikt: Würze die Geschichte mit einer Herausforderung oder einem Problem, das gelöst werden muss.

1 Tasse Motivation: Gib der Hauptfigur einen Grund, warum sie handelt – was treibt sie an?

100g Umgebung: Füge eine stimmungsvolle Kulisse hinzu, um das Setting der Geschichte zu kreieren.

1 TL Wendepunkt: Ein unerwarteter Moment, der den Verlauf der Geschichte verändert.

½ Tasse Dialog: Dialoge, die lebendig und authentisch sind, um die Handlung voranzutreiben.

Gewürze:

1 Schuss Spannung: Um die Leser bei der Stange zu halten, sollte die Spannung allmählich aufgebaut werden.

Eine Prise Humor oder Melancholie: Je nach Geschmack, um die Emotionen der Geschichte zu verstärken.

3 Tropfen Überraschung: Unvorhergesehene Elemente, die die Leser zum Nachdenken bringen.

Zubereitung:

Beginne mit der Hauptfigur und brate sie kurz an, um dem Leser ihre Motivation und Ziele zu zeigen.

Füge den Konflikt hinzu und lass ihn aufkochen, sodass die Spannung wächst.

Die Umgebung langsam hinzufügen, um die Atmosphäre der Geschichte zu verdichten.

Bringe den Wendepunkt ein, damit der Leser auf eine neue Fährte geführt wird.

Dialoge einrühren, um die Geschichte lebendiger zu gestalten und die Konflikte zu klären.

Vorspeise: Starte mit einem packenden ersten Satz, der die Neugier des Lesers weckt. Ein kleiner Appetitanreger, der den Leser dazu bringt, mehr erfahren zu wollen.

Hauptgang: Die zentralen Konflikte entfalten sich. Hier liegt der Schwerpunkt der Handlung, und die Charaktere müssen sich ihren größten Herausforderungen stellen. Lasse die Aromen der Emotionen gut durchziehen.

Dessert: Ein überraschendes, aber befriedigendes Ende, das einen bleibenden Eindruck hinterlässt. Vielleicht eine süße Wendung oder eine Nachdenklichkeit, die der Geschichte Tiefe verleiht.

Tipp des Autors: Serviere die Geschichte frisch, mit einem Hauch von Unvorhersehbarkeit und einem bleibenden Nachgeschmack, der dem Leser noch lange im Gedächtnis bleibt.

Auf dem Kurs ins Vergessen

„Wenn Erinnerungen verblassen, wird die Gegenwart zur einzigen Wahrheit.“

„Das Vergessen erinnert uns daran, im Moment zu leben.“

Irgendwann werden die Worte des Kapitäns auf der Brücke der *Hoechst Express* eintreffen. Bis dahin bleibt hoffentlich noch viel Zeit für Gemeinsamkeit, Kochen, Schreiben und Reisen, Gesundheit und Frieden sind die Grundfesten. Leider kommt es für manche Freunde anders.

Der Abschied

Als Kinder haben wir mit ihm gespielt,
unsere Streiche er im Kopf behielt,
um sie später seinen Enkeln zu erzählen.
Dann begann er sich langsam zu verzählen.
Sein Wissen war immer sein ganzer Stolz,
er fühlte wohl, wie es zusammenschmolz.
Ein Stift und an der Tür ein Stück Papier,
Obst, Brot, Milch und Flaschenbier,
es war die Angst, nichts zu vergessen.
Immer mehr war er davon besessen.
Erst verschwanden unsere Streiche,
mit den Namen passierte bald das Gleiche.
 Wer sind sie, fragte er mich dann,
da war meine Angst, der Abschied, irgendwann.

Das Vergessen

„Kannst du mir bitte beim Salat helfen?", Annas
Frage richtete sich an Heike, ihre beste Freundin.
Sie kannten sich bereits seit der Schulzeit.
Mit einem vielsagenden Blick in Richtung ihres
Mannes folgte Heike ihr in die Küche. Sie schloss
die Tür hinter sich. „Stimmt etwas nicht?", sie
wusste, dass Anna sie nicht gefragt hatte, damit sie
ihr beim Salat helfen sollte.
„Ich kann nicht mehr", dabei stützte Anna sich an
der Spüle ab. „Es wird von Tag zu Tag
schlimmer." Heike spürte, dass ihre Freundin den
Tränen nahe war und nahm sie darum in die Arme.
„Ich will ihn nicht in ein Heim abschieben, aber
ich komme einfach nicht mehr klar." Sie begann zu
weinen und Heike streichelte ihr über den Kopf,
wie früher den Kindern, wenn sie sie trösten
wollte.
„Hast Du einen Pflegeplatz beantragt?", wollte
Heike wissen. „Es gibt nur die Möglichkeit, ihn
vier Tage in der Woche unterzubringen." Anna
löste sich aus der Umarmung und ihre Stimme
klang wieder fester. „Wir haben uns so lange nicht
gesehen und ich habe mich auf heute Abend
gefreut. Es tut mir so leid, dass ihr ihn so erleben
müsst. Geh du ruhig zu Peter und Markus, ich
komme hier in der Küche schon klar."
Heike ging zurück ins Wohnzimmer und setzte
sich neben ihren Mann Markus auf das Sofa. Ihnen

gegenüber saß Peter in einem Sessel und starrte die beiden Gäste immer wieder an. Dazwischen waren seine Blicke abwesend.

„...und deswegen kann man bei ungeraden Zahlenreihen die Symmetrie der Welt erkennen," sagte Peter plötzlich. Seine Stimme klang fest, aber der Satz hatte nichts mit dem Gespräch davor zu tun, in dem Markus versucht hatte, seinem Freund und ehemaligen Kollegen vom letzten Urlaub zu erzählen. „Aber nur, wenn man die Ableitungen von Zeit und Raum im Kopf behält", fügte Peter an.

„Das ist ein faszinierender Gedanke, Peter, Mathematik war schon immer deine große Leidenschaft." Ein Lächeln machte sich auf Peters Gesicht breit, während er seinen Blick auf Markus richtete.

Peters Blicke wechselten zu Anna. Er sah sie an, als würde er sie zum ersten Mal bemerken. „Wir müssen die Gleichungen überprüfen. Sie verstehen nicht, was auf dem Spiel steht!" Seine Augen waren weit geöffnet, als hätte er gerade eine bahnbrechende Entdeckung gemacht.

„Natürlich, Peter. Vielleicht später," sagte Anna sanft. Sie spürte, wie sich die Situation zwischen den Anwesenden zusammenzog wie ein Netz, das alle ein Stück weiter voneinander entfernte.

Markus räusperte sich. „Geht es ihm gut, Anna?" fragte er schließlich, leise, als wollte er vermeiden, Peter zu verunsichern.

„Er hat gute und schlechte Tage,“ gab Anna
ehrlich zu. „Heute ist ein Tag, an dem er uns in
seine Welt mitnimmt. Es ist nicht immer einfach,
aber das ist unser Leben jetzt.“
Peter begann leise vor sich hin zu summen. Ein
Lied aus ihrer Jugendzeit, eine Melodie, die Anna
sofort erkannte. Es durchbrach die angespannte
Atmosphäre. Heike lächelte, diesmal echter. „Ich
erinnere mich an dieses Lied! Wir haben dazu auf
deinem Geburtstag getanzt, Anna.“
„Ja, das haben wir,“ sagte Anna, und für einen
Moment war es, als wäre alles wieder wie früher.
Gleich nach dem Essen verabschiedeten sich
Heike und Markus mit Umarmungen und netten
Worten. Anna wusste, dass sie irritiert waren. Als
die Tür ins Schloss fiel und die Wohnung wieder
still wurde, setzte sie sich zu Peter auf das Sofa.
Er sah sie an, klarer jetzt. „Habe ich etwas Falsches
gesagt?“ fragte er.
Anna schüttelte den Kopf und nahm seine Hand.
„Nein, Peter. Du warst du selbst. Und das ist das
Wichtigste.“

Die Zeit

Die Zeit, flüchtig und schnell,
sie vergeht, als wär sie ein schnelles Spiel,
sie lässt uns zurück, mit Erinnerungen
Freude und Schmerz im Kopf.
Sie gibt uns einen Rahmen, um zu leben,
zeigt uns, dass es immer weitergeht,
sie lässt uns wachsen, reifen,
bringt uns neue Chancen zum Begreifen.
Die Zeit, sie lässt uns manchmal verharren,
in Momenten der Freude
oder des Schmerzens erstarren,
sie zeigt uns, wie kostbar das Leben wirklich ist,
und wie wichtig es ist,
jeden Augenblick zu genießen.
Die Zeit, sie ist ein unermesslicher Schatz,
sie gibt uns das Leben und lehrt uns,
sich auf das Wesentliche zu besinnen.
Lasst uns die Zeit nutzen, die uns bleibt,
das Leben in vollen Zügen zu genießen,
denn die Zeit, sie wartet auf niemanden,
sie fließt und fließt, ohne Anfang und Ende.